I0191398

Dad Wanted A Doctor, And I Became A Vibe

Volume 1

Shilpika Ponnappa

BookLeaf Publishing

India | USA | UK

Copyright © Shilpika Ponnappa
All Rights Reserved.

This book has been self-published with all reasonable efforts taken to make the material error-free by the author. No part of this book shall be used, reproduced in any manner whatsoever without written permission from the author, except in the case of brief quotations embodied in critical articles and reviews.

The Author of this book is solely responsible and liable for its content including but not limited to the views, representations, descriptions, statements, information, opinions, and references ["Content"]. The Content of this book shall not constitute or be construed or deemed to reflect the opinion or expression of the Publisher or Editor. Neither the Publisher nor Editor endorse or approve the Content of this book or guarantee the reliability, accuracy, or completeness of the Content published herein and do not make any representations or warranties of any kind, express or implied, including but not limited to the implied warranties of merchantability, fitness for a particular purpose.

The Publisher and Editor shall not be liable whatsoever...

Made with ❤ on the BookLeaf Publishing Platform

www.bookleafpub.in
www.bookleafpub.com

Dedication

To those who

Never give up,
Keep learning & unlearning
AND
Live every moment to the fullest

Thank you Ganapathy swamy and my Family !

Preface

I have always believed that if you make your Today beautiful, your Tomorrow will definitely be beautiful and everything that happens in-between is always for a reason. Hence, the poems written and published in this first book of mine is written over a period of long time in Hinglish at varied situations, emoting all that I have experienced at that very moment. My eternal love towards Moon, Nature, Feeling the moment and Love in general is what you will experience through the journey of my words penned here.

Since, this is my first of many to come, please shower your love, which will definitely encourage me to write better and express from heart.

Be in the present and feel your emotions -- Being you is a gift to yourself in this busy world.

Acknowledgements

Hi Readers!

In times of Instagram, Facebook, Snapchat and many such social media interaction portals, **THANK YOU** for picking up my book (which is my first) to read.
I have always wanted to write a book but I never knew on what. Seeing me write Poems, once my friend suggested, why don't I publish them. I replied, who would read my thoughts that too in Hinglish?
Well, Thank you dost, for that initial seed you sowed into my brain.
Thank you to all those experiences with relationships in general, that made me pen my many Poems.
Thank you to Nature, with whom I connect at deeper levels & when I experience moments , I write what I feel.
Thank you in advance to everyone who picks up my book to read and could relate to the emotions felt while writing them.
Thank you to my Family, who always stands by me on all my decisions, may that be outlandishly weird sounding to them or with something they thought I could do justice to, with all my understanding, conviction and knowledge.

1. Beeti baatein

Raat ke iss shor mein,
kuch khamoshiyan hamari.
Tim-timati rang-birangi roshniyon mein,
kuch halki si roshni hamari.
Shor ke iss bhawar me,
kuch dheemi si anekhon me ek baatein hamari.

Samay bhi kabhi hamara tha,
jab saare shoron mein hamari bhi awaaz thi.
Waqt bhi kuch aisa tha,
jab zabaan thakk jaati par shabd kam na padta.

Jaane kab hongi waisi baatein,
jo sannate mein bhi jaan bhar de.
jo raat bitade, par baatein nahi.
jo saare raaz khol de, par rishte jod de.

Raat ke iss shor mein,
kuch khamoshiyan hamari,
kuch dheemi si anekhon me ek baatein hamari...

2. Pyar ke anek roop

Milthi mohabbat ko na nazar andaaz karo,
Naseeb walon ko hi hai yeh naseeb hoti.
Kisi aur ki mohabbat pe na ghumaan karo,
kisi-kisi ko hi hai uski ehmiyath patha hothi.

Agar na sarhaya milthi mohabbath ko,
root jaathi hai yeh zindagi bhar ke liye.
Laakh koshishon baad bhi,
na milthi yeh mehsoos karne ke liye.

Hota dard wahan, jahan hai hota pyar.
Samajhkar, samjhakar jee jaati hai,
uss dard me chupe pyaar ko.
Root kar, manakar, badana padtha hai
iss bezubaan pyar ko.

Pyaar ke bhashayen anek,
pyaar ke tareeke anek,
agar pyar na jatha paye,
tho pyar ke naam par lut jaate anek.

3. Lehron ki leela

Lehron ki bhi apni kahani hoti hogi.
Vishal samandar ko sehlathi,
apni dastaan sunathi hogi.
Kayiyon ko hai usne sahara diya,
kai badnaseebon ko apna liya.

Kinare se roz milthi,
par apna kehneko koi kinara, paththar ya maati nahi.
Kai apni khushi me lehron ko,
apne ullas ka pratibimb samajthe.
Tho kai apne aasun ko in lehron ke samaksh behne
dethe.

Apni apni gaatha hai sabhi sunathe,
lehren apne sparsh se unhen phusla ya samjha dethi.
Lehron ki bhi ajab hogi bhasha,
jo kabhi hum sabki charcha karthi,
tho kabhi apne bheethar samete,
kisi aur dagar apni leela dikhathi.......

4. Narangi sa dost

Kaisa hai yaar tu itna khoobsurat?
Aaj aadha narangi nikla hai.
Phir bhi kar raha dil bhara-bhara sa mera.
Tu aise-kaise chu jata hai mere mann ko tere har akaar
mein.

Tujhe roz dekthi hun,
par phir bhi pyaar kabhi kam na hota tujhse.
Roz tu alag dikhta mujhe,
yun mere mann ko lubhaane bas prakat ho jatha khudse.

Tujhse pranay karne ka alag hi maza hai,
tu kuch kehta nahi phir bhi mera mann tujhse bharta
nahi.
Tujhe dekh muskaan aa hi jaati hai,
aisa lagta hai ki tu bhi sharma jata hai,
meri inn ghoorti nazron ko dekh.

Tu aadha ho, ya naav ki tarah,
tu har akaar me mera pasanditha hai.
Par, jab tu poora nikalta hai,
pyaar mera dugna ho jatha hai.
Nazren jaisi tujhse hatthi hi nahi.

Aur jab tu nahi hota,
apna pakhvaada poorn karke jab gayab ho jata hai,
yeh andhkaar mayoosi cha jathi hai.

Tere halke muskurahat se akaar mein
jab tu dastak deta hai punah,
bas mann jhoom uttha hai.
Tukur-tukur tujhe nihaarte,
tujhse bathiyaathe,
main apne khwabon ki duniya mein gum ho jathi hun.
Tu hai hi aisa,
dil ko chu jane wala,
mera pyara, mera dost.

5. Mann ki kashmakash

Suhani si yeh duniya raas na aayi,
dard ke kai pehlu yeh dikha gayi.
Kuch rishton ka intezaar jo tha hamesha,
ehmiyat unki ab kho gayi.

Kehte hain dhyaan batane se dard kam ho jatha hai,
par iss dhyaan ka kya kasoor,
jab isme bhi unheeka basera hai.

Jinse dard ka hai natha,
kya kabhi sukoon se hoga vaastha?
mann yeh sochtha.
Bezuban yeh ehsaas,
dheere-dheere dil main ghar kar jatha.

Bhatakte yuhn kabhi khushi ne dhoondli hume,
tho dard yeh ahankaar apna jathatha.
Jaan-boochkar mann main tandav machatha,
jinhe dekh khushiyan muskuraye alvida keh jatha.

Suhaani toh ab bhi hai yeh duniya,
par ab dard se hai samjhauta kar liya.
Khushiyon ko inmehi dhoondliya,
rishten ab ban gaye majbooriyan.

6. Anubhuthiyan...

Milthi nahi khushiyan bazaaron main,
mitthi nahi majbooriyan bahaano se.
Kaash ke samajh sakthe hum,
bayaan nahi hothe kai ahsaas sirf alfaazon se.

Takleef ko bhi hai takkaluf karna,
kai baar apnon ko hai jathathe rehna.
Nahi hothi muskaane poori,
jab hothi unki namoujoodgi ko sehna.

Bahane hain hazaar banthe na-milpane ke.
Kaun samjhaye hume,
sukoon hai aakhir miltha,
apnon ke saath chalne main.

Jab hothe duur sab,
thab hotha dooriyon ka dard.
Par jab hothe kareeb,
na lethe kasht is anugrah ko jathane ka.

Kab hoga yeh ehsaas,
ki milthi nahi khushiyan maangne se.
Jathane se, bayan karne se hi hogi,
rishthon se asli mulakaath.

7. Udhaar ki khushi pe naaz

Har do din yeh bechaini dastak de jati hai,
na jane yeh kyun saheli bankar mandrathi rehthi hai.
Kyun chain nahi aata ise?
Na jaanti yeh ki mann ko kitni takleef hoti hai isse?

Do pal ki khushi par jaise nazar lag jaati hai,
jee bhi na sake itminaan se,
kyun yeh itna besabr rehthi hai?

E bechaini! chali ja tu,
kuch toh jee lene de fursat se.
Thodi der aur hass lene de poore dilse.
Maze lene de befikr hoke ise.

Dard tho apna hai,
aasun tho apne hain,
bas khushi udhaar ki.
Kabhi-kabaar aati dastak deti hai,
mehsoos tho pura kar lene de,
iski tho yeh har baar ki nautanki hai.

8. Escaping thoughts - a conscious effort

Stunned by the thoughts,
I take deep breathe,
But realized no matter what,
they would haunt me until they rest.

Though daily chores kept me busy,
thoughts accompanied relentlessly.
Pausing me in-between every task I did,
reminding me of every turn I took.
Facts that I blindly accepted,
Issues I never fought for my say,
my no's that were ignored,
my self respect that was hurt I pray.

I grunt, to escape the spirals,
making conscious efforts
to complete the task undertaken.
Just to realize am back at it,
few moments or hours later again.

Trying not to play aloof is the best,
accepting and making time for it

would bring me some rest.
A cup of coffee, an ottoman for foot-rest,
window opening to the outside world,
and an opportunity for the thoughts
to delve further deep,
is all that a mind needs to cease the unrest.
The much-needed space & time,
to pause, analise and reflect.

9. Aas wafa ki

Milthi hai jab wafaon ke kabil zindagi,
bewafai bhar jaathi hai lehron si.
Jithni chahe karlo mushakath,
nibthi nahi yeh zindagi wafaon se bhari.

Aas hi toh hai jo lubthi.
Par jab-jab tootthi,
apne saath sab kuch lutakar le jathi.
Mano jaise hum kabil hi na ho uss ehsaas ki.

Phir aathi dabe paon wahi aas,
punah mohith karthi apni oar.
Phir mitne ko thaiyar,
deedtha ki har hadd paar karthi hui.

Hothi hai kyun yeh aas bewafa?
Janthe huye tutegi zaroor,
laakh samjhane par wafa na karthi huyi,
phir laut aathi hai iss hruday main simti huyi.

10. Chaotic voices

Why is it so difficult to let go of relationships,
they pinch, they hurt,
they bring in lot of unknown emotions.
Some are not meant to be ours,
some not just meant to be.
Yet, why so difficult to let it go?

Unknown facts, unknown feelings,
all become ours just like some won dealings.
Unknown emotions bring in expectations,
when not met, bring in commotions.
Though welcomed by choice,
yet becomes unbearable to bear.
Which, once meant the world,
suddenly makes one feel all alone in this world.

Unknown world turns out to be all known,
though disabled, yet brings in zest to assemble.
The pain seems pleasure,
pleasure is just when together,
yet the pain becomes intolerable,
when emotions go haywire.

When there is no strength to end life,
when there is over-pour of chaotic emotions,
when you don't seem to be you anymore,
when giving up on everything seems valid,
yet, why is it difficult to let go of relationships................

11. Badalthe rishthe

Usne dil ka haal batana chod diya,
humne bhi gehraayi mein jana chod diya.
Jab usko hi dooriyon ka ehsaas nahi,
humne bhi ehsaas dilana chod diya.

Dheere-dheere kab aa gayi
yeh doori hamare beech,
yeh bhi sochna humne chod diya.
Har baat ko tholna,
humne band hi kar diya.

Aankhen jo pehle padthe hi,
dil ki baat jaan lethi thi,
ab wahi palkhen utkar,
hamari nazron tak bhi nahi pahunchthi.

Dil ki gehraayi chodo,
ab unhen hum uss kamre ya ghar main bhi hain
uska ilm nahi hota.
Hum teek hain ya zindagi guzar rahi hai sirf,
iss baat ka jaanna unko ab zaroori nahi hota.

Jeevan bas chal rahi hai,
ek hi chath ke neeche do zindagiyan
guzar rahi hai.
Ehsaason ka koi lena-dena hi nahi,
bas zinda hain,
yeh jaankar zindgani chal rahi hai.

12. Jab 'hum' kahin kho gaye

Hum the uss tarah,
jis tarah kai chahthe the unko hona.
Hum the woh karthe,
jo kai karna chahen par na kar paye.
Hum the uss jagah,
jahan kai rehna ya jana chahen,
par kabhi na ja paye.

Kya ho gaya ab yun?
Jo hum the, ab nahi.
Jo hum karthe, his tarah maza lethe the,
par ab nahi.
Jo hum kar guzarthe,
usme ab diljasbi nahi.

Aashchariya-chakith hain,
ki hum hain badal gaye,
ya zindagi badal gayi?
Bas yahi dua hai ki,
yeh kabhi root na jaye yuhin.

Na jee payenge badle zindagi ke sang,
umarkaid lage toh toot jayenge hum.
Muskurahat dil se na nikli toh marr jayenge hum.
Ae zindagi! lauta de mujhe apne aap ko,
leja iss rooti thakdeer ko.
Mehsoos kara ja jo hum the kabhi,
Thaki jee len punah hume hi abhi........

13. Yaatra har ek boond ki!

Boond-boond barsaaye megha,
sheethaltha de har jeev ko.
Lage punah naye-naye se sab,
Punar-janam sa mil jaye sab ko.

Karzdaar ho jaaye yeh dharti,
meghaon ke meherbaaniyon se,
nighal-nighal kar har bond ko,
narm sa seechen apni lalsa ki godh ko.

Mitti ki geeli khushbu,
hawaon main bhin-bhinaye.
Aashaon ki leher hai utthi,
jhoomthe paththe bayan karthi apne ulhaas ko.

Har boond ki hogi ek anokhi kahaani,
apni dastaan hai ise har ek ko sunani.
Dharthi ko hai yeh chunthi,
pawan se takrathi,
anubhavon ke afsaane bunthi,
apne sang aashaon ki gatha sametthi hui,
bhoomi par har sparsh ko hai yeh apni yaatra ki kahani
sunathi.

14. Dil ki minnaten !

Tu mujhe ek baar phir
shuru ki tarah mil na yaar,
tera shuru-shuru ka chahna,
mujhe bada yaad aata hai.

Unn nazron ka milna,
Milne par jhuk jana,
bheed main ek jhalak ko tarasna.
Akhir main jab ho samne,
unn palkon ka na utna,
khoob yaad aata hai yaar.

Ek dusre se jab sahaj huye,
woh lambi-lambi baatein,
woh ghanton ek dusre sang chalna,
masoomiyat se chedna,
apna maankar sambhalna,
chidna-chidana,
reh-rehkar yaad aata hai yaar.

Milna chahe phir bhi na mil paane ka gam hona.
Milne par niharthe rehna.
Kuch bhi na bol pana.

Aur jab bol ute poora din beet jaye,
par baaton ka na khatm hona.
Punah bichadne ka gam hona,
par jald milne ka vada karte huye,
aakhir tak mud-mud kar dekhna.
Kuch zyada hi yaad aata hai yaar.

Tu mujhe ek baar phir
shuru ki tarah mil na yaar,
tera shuru-shuru ka chahna,
mujhe bada yaad aata hai yaar.

15. Dohri zindagiyan !

Parchaayi bhi saath chod dethi hogi kabhi,
par tumhara khayaal nahi.
Saanse rukh jaathi hai kabhi-kabhi,
par teri yaad nahi.

Zindagi ki asliyat main yun uljhe hum,
zaroorath bhi na samjhi punah banane ki
hamari buniyaad nayi.
Jo choot gaya,
woh hamara tha.
Jo choot na jaaye punah,
woh asha bhi hamari thi

Tatolne ki koshish se darthe rahe,
ulaj na jaye zindagiyan apneaap ko kehthe rahe.
Dil tho aakhir dil hai na,
meeti si mushkil hai na,
sambhale nahi sambhalta yeh,
har woh cheez jo chupana chahe,
kar dethi zahir apne chehre se yeh.

Shukr hai sapne apne hain.
Kai raat aur din apne hain.

Kuch churaye pal zindagi ki bhaag-daud se,
bhi apne hain.
Inhi kuch palon main jee jathe hain kai khushiyan,
zindagi ko apne thareeke se jee jathe hain kuch
ghadiyan.

Duur hothe huye bhi paas hain.
Rishton ki mulayam zanjeeron ke iss-uss paar hain.
Jeethe dohri zindagiyan,
Khushiyan apno main lutaathe hain.
Par darthe hain koi jhank na le hamare bheetar,
akelepan se joojthi,
dil ki asliyat ko chupathi,
hruday ki asli khushi,
iss dusre insaan ka koi na dekh le.
Hum jo hain,
woh hum hi ko mubaarak.
Dohri zindagi hai ab param asliyat.

16. Nature : a good teacher

Yet another mid season is here.
Autumn, as many know it.
Fall, as many call it.
Is welcomed by cool breezes
And rain of withered leaves and flowers.

From where I belong,
roads have a red, green and yellow border now.
Flowers exist few on trees and few lay lifeless somehow.

As I walk the path beautified by these little beings of
nature,
I connect to my relationships who leave at their
convenience.
Do I cry or do I celebrate?
I wonder what these trees do.
Do they brood over leaves that depart
Or celebrate over flowers that shed to make space for the
new ones.

What stays always matters.
Who left, they had to.
Making space for new is nature.

Accepting the change should be our nature.

Though the fallen ones still keep the ambience beautiful,

Yet they dirty the existing nature.

I wonder,

Should the nature disgrace them for leaving?

Or appreciate for gifting a beautiful impression while
they depart.

I question my connections,

Do I express anger for being bereaved?

Or do I be grateful for being deprived of toxicity and
ungratefulness.

Answers lay in the nature.

The best teacher like many say.

Do we have the vision to recognise?

Or do we act blind to all the blessings of this paradise.

It is up to us to process what lies before us

Until we are made to feel what it has to say to us.

17. Ab jo hai, woh hai!

Ab tho khuda se poochna hi chod diya
Mere saath hi kyun?
Main kyun nahi?
Ab na poochne ki himmat,
Na maangne ki laalsa.
Ab jo hai, woh hai.

Kabhi kabhi dheeme se,
ek katra asru ka,
beh jatha hai ek aankh se.
Tab ehsaas hota hai,
dard ab bhi baaki hai kisi aas main.

Ab tho maan liya ki bas yahi hai jo hai.
Phir bhi na jane kaise,
yaad laut aati hai kisi mod se.
Fariyaad ab na hoti humse,
shayad ab himmat nahi sambhalne ki humme.
Agar poori hogayi galti se,
Par main tho ab nahi pehle ki tarah bhoole-bhatke se.

Yaad khoob aati hun purani main,
par na ab woh samay raha,
na ab wahi main.
Aas tho ab bhi wahi hai,
Kya karen dil bhi aakhir wahi hai.

18. Nazron ka khel hai sara

Udthi udthi yeh nazar,
kai nigaahon par teher si jaathi hai.
Na jane kis asha ki khoj me,
rukhkar yun jaanchthi hai.
Intezaar hai shayad kisi ka,
ya kuch anokhe ehsaas ka,
jo zindagi bhar dhoondthe mili nahi,
par khoj ab bhi hai jaari,
pratiksha hai muraadon ke poore hone ka.

Intezaar aur asha hi do dost hain,
ab in nigahon ke.
Asha hai yeh tehre kuch der aur kisi nigah pe.
Nirasha se jab hoti iski mulakat,
intezaar furti se aajata punah kagaar pe.
Raat gayi baat gayi maankar hai yeh chala,
par har nigah par hai dhoondtha yeh savera.

Koi nigah apna sa tho lage,
unme jo sapne hain,
woh apna tab lage.
Woh chamak agar dikhe ek baar,
luta den in nigahon ki har muraad.

Fariyaad hai,
toote huye aashaon se bhari bhi ho woh agar,
apna maankar, apne mastishq par sajakar, jhoomenge
har dagar.

19. Namumkin koshishen!

Halak pe baat thi,
phir bhi na bol sake kuch.
Dil halka kar dene ki baat thi,
phir bhi na nikle shabd kuch.

Kyun hota hai aisa kai baar?
Bolna kuch chahthe ho,
par bol kuch aur jathe ho.
Apne hi tho hain yeh sab,
phir bhi kyun nahi bayan kar paathi,
inse dil ki mushkilen sab.

Kehthe hain dil halka ho jatha hai baantne se,
par na jane kyun,
darr seham sa jatha hai dil me.
Saanse phul jaati hai,
hont sil jaathe hain.
Na kuch nigla jaye,
na kuch ugla jaye.
Apni hi tho baat thi,
apne hi tho log the.

Akele main ashq bahana munasib laga,
apne aap ko samjhana aasan laga.
Dino ko guzarta dekh bebas mehsoos hua,
aasuon ko rok muskurana uchith laga.

Mushakat karke bol dena tha.
Himmaten jutaayi,
hosla badaya,
par jab mauka aaya,
nazre tiki rahi,
par halak sookh gaya.
Phir se na kuch bol payi.
Lambi saanse lethe huye,
aankhon main asru ko rokhthe huye,
mudkar apna dhyan bata gayi.
Halak pe phir baat thi,
phir bhi na bol sakhe kuch.

20. Kya hai pehle jaisa?

Mujhse na maang ab pehli si mohabbat,
reh na gaya mera kuch pehle jaisa.
Hogi kaise pehli si aadat,
jab kuch bacha nahi mujhme pehle sa.

Ab tum, tum na rahe.
Ab main, main na rahi pehle jaisa.
Na woh waqt raha,
na wahi baaten aur ehsaasen rahi pehle jaisa.

Bahut kuch hai badla humme.
Kai rishte naye jude.
Kai purane root gaye.
Sama badal sa gaya,
waqt guzarta gaya.
Naye hawaayen chalne lagi,
kai naye anubhaven huye.
Kai reetiyan beethi,
kai varsh yug jaisa beetha.
Kuch humsa, humse choot gaya.
Kuch tumsa, tumse choot gaya.
Kuch tum badle.
Kuch hum badle.

Par hum kaskar jakde rahe,
kuch apneaap se aur kuch ek dusre se,
ki kuch tho bacha rahe humme, hum jaisa.

Jab hum, hum na rahe ab,
tho kaise ho mohabbat pehle sa.
Shayad humme ab bhi hai bacha kuch-kuch hum jaisa,
Par woh kaafi nahi,
Jude rehne ko pehle jaisa.
Koshishen bahut lagengi judne ko punah,
mushkil hai namumkin nahi,
par na dhoonde hum,
humme kuch bhi pehle jaisa.

21. Meri pyaari sakhi

Mujhe mujhse milne ke liye,
ek purane dost se milna padta hai.
Iss bheed ke beech wahi mera apna hai.

Ulajh jab jathi hun zindagi ke kashmakash me,
bhool jathi hun khudko iss jathojahet me.
Wahi hai jo mujhse mujhko milati hai,
kaafi ke pyale sangh dil ko dil se sanghathi hai.

Hum jaise shuru huye kai saal pehle,
janmo-janam beet gaye lagtha hai jaise.
Bas chale ja rahe hain yuhin sangh tere,
meri pahunch khatm jo hoti tere dhar pe.

Kabhi hello se shuruaat karni hi nahi padi,
kyunki kabhi bathiyana roka hi nahi.
Bhale duur rehthen ho ek dusre se,
mann se mann mulakathen hoti rahi.
Khudko kabhi sidh karne ki zaroorat hi nahi padi,
usne ki jo thi mere wajood, charitr aur swabhaav se
sandhi.
Sikke ke do pehlu ki tarah,
ek hi rooh par shareer alag.

Hum hain raniya ek dusre ke,
sambhaalthi sar-ke-taj ek duje ke.

Haat-pe-haat beet jaye yah janam hamara,
dukh aur sukh muskurate guzre hamari.
Kho jaun main agar choote sangh tera,
root na jana kabhi vinti hai meri.

www.ingramcontent.com/pod-product-compliance
Lightning Source LLC
Chambersburg PA
CBHW050953030426
42339CB00007B/380